DEUX POINTS

DE

L'HISTOIRE DU FAVUS

PAR

Gustave GIGARD

DOCTEUR EN MÉDECINE DE LA FACULTÉ DE MÉDECINE DE PARIS,

ANCIEN INTERNE DES HOPITAUX DE LYON

EX-CHIRURGIEN DE LA 2ᵉ LÉGION DE MARCHE DU RHÔNE.

AVEC UNE PLANCHE EN LITHOGRAPHIE

PARIS

ADRIEN DELAHAYE, LIBRAIRE-ÉDITEUR

PLACE DE L'ÉCOLE-DE-MÉDECINE

1872

DEUX POINTS

DE

L'HISTOIRE DU FAVUS

DEUX POINTS

DE

L'HISTOIRE DU FAVUS

PAR

Gustave GIGARD

DOCTEUR EN MÉDECINE DE LA FACULTÉ DE MÉDECINE DE PARIS,

ANCIEN INTERNE DES HÔPITAUX DE LYON

EX-CHIRURGIEN DE LA 2ᵉ LÉGION DE MARCHE DU RHÔNE.

AVEC UNE PLANCHE EN LITHOGRAPHIE

PARIS

ADRIEN DELAHAYE, LIBRAIRE-ÉDITEUR

PLACE DE L'ÉCOLE-DE-MÉDECINE

1872

DEUX POINTS

DE

L'HISTOIRE DU FAVUS

AVANT-PROPOS.

Je n'ai pas l'intention, dans cette thèse, de faire une histoire complète d'une maladie qui a été si bien décrite par M. Bazin; je n'ai voulu qu'en toucher deux points qui m'ont paru intéressants à plus d'un titre.

J'ai dû, pour grouper les faits qui vont suivre, feuilleter surtout les publications périodiques parues dans ces dernières années, et notamment les Annales de dermatologie (an. 1869), les Archives de médecine (an. 1869), le Journal médical et le journal vétérinaire de Lyon (an. 1869-70), l'ouvrage de Neumann, professeur-adjoint à l'école de Vienne (an. 1869), enfin les articles Favus et Achorion publiés dans le dictionnaire de Jaccoud et dans le Dictionnaire des sciences médicales.

Le point capital auquel je me suis attaché, est la démonstration de l'identité de la teigne de l'homme et des animaux. C'est à M. le Dr Raymond Tripier que revient tout l'honneur de cette démonstration; car c'est lui seul qui en a fourni des preuves expérimentales décisives.

PREMIÈRE PARTIE

L'achorion de Schoenlein forme-t-il, dans la série des champignons, une espèce distincte et invariable ?

Depuis longtemps, en France, grâce aux travaux de MM. Robin et Bazin, sur les parasites de l'homme, on était d'accord que les parasites végétaux appartenaient à des espèces de champignons distinctes et invariables, lorsque, dans ces dernières années, prit naissance, en Allemagne, une école nouvelle qui prétendit ramener tous les champignons parasites à deux ou trois types et même à un seul et même type, primitifs.

Certains mycologistes allemands soutiennent, en effet, que les divers champignons parasites constituent différentes périodes de développement d'un même individu, et qu'il est facile, dans des conditions qu'ils indiquent très-mal, de produire tantôt du trichophyton tonsurams, tantôt de l'achorion de Schœnlein.

La question que cherche cette école a été posée par Hébra, de Vienne, sans qu'il ait osé la résoudre.

« Les maladies parasitaires siégeant sur la peau de l'homme, dit-il, appartiennent-elles toutes à un *seul et même champignon*, ou bien chaque maladie isolée de la peau est-elle provoquée par un champignon *spécial?* »

La solution de cette question n'est pas facile, surtout si l'on songe à la difficulté de distinguer entre elles les différentes espèces de champignons ; il faut, en effet, pour classer un champignon, avoir sous les yeux des organes de reproduction complets ; ce qui n'arrive que lorsque le champignon a atteint toute sa croissance.

Dans le but de résoudre le problème posé par M. Hébra, les Allemands ont créé plusieurs méthodes de culture des champignons qu'ils supposaient être les types primitifs. Dans toutes ces méthodes, ils ont cherché le plus possible à isoler le champignon en expérience, de toutes les causes d'erreur. Depuis les expériences de Pasteur, il fallait, en effet, cultiver le champignon même à l'abri de l'air ambiant. Pasteur avait si bien démontré la présence dans l'air de spores susceptibles de germer dans les liquides d'expérimentation, que la condition d'éloigner ces spores était devenue une condition absolue.

Nous ne décrivons que trois de ces méthodes que nous avons empruntées au livre de Neumann.

La première est de Klob.

1. On verse dans un flacon ordinaire une solution de sirop qu'on fait cuire aussitôt. Après avoir donné issue aux vapeurs produites par l'ébullition, au moyen de tubes très-effilés fixés à gauche dans la paroi du flacon, on fait entrer de l'air purifié, en ouvrant les robinets d'autres tubes mastiqués dans la paroi droite. Cet air a traversé auparavant des tubes remplis d'acide sulfurique et de coton.

Alors, on insuffle le champignon avec un tube effilé, en forme de cône, ou bien encore on remplit le flacon avec des tubes pleins de champignons, puis on ferme les robinets.

2. Hoffmann opère de la manière suivante :

Il place le champignon frais sur un porte-objet avec une goutte d'eau distillée, puis il suspend ce porte-objet, la goutte d'eau tournée en bas, au-dessus d'une assiette pleine d'eau; enfin, une cloche en verre, que l'on a humectée à l'intérieur, recouvre le tout et est destinée à empêcher l'évaporation.

3. Hoffmann a employé encore un autre procédé.

Il consiste à remplir d'eau fraîche le quart d'un tube à réaction et à l'agiter de façon que les parois en soient partout mouillées.

Ce tube est placé obliquement, son ouverture tournée en haut, sur deux clous mastiqués dans ses parois.

On prend ensuite une baguette de verre dont on fait chauffer une des extrémités dans la flamme de la lampe à alcool ; puis on la laisse refroidir dans un tube à réaction vide, *sans qu'il y entre de la poussière.*

En même temps, on fait chauffer un porte-objet que l'on laisse refroidir de la même manière. Sur ce porte-objet, on dépose une goutte d'eau distillée ou de toute autre solution fraîchement cuite.

Alors, avec la baguette de verre on place le champignon sur la goutte d'eau du porte-objet; puis on pousse rapidement le porte-objet dans le tube humide cité plus haut, et on bouche ce dernier soigneusement avec un bouchon de liége bien calibré.

Il est inutile de dire que toutes les manœuvres dont nous venons de parler doivent se faire avec la plus grande célérité possible.

Si maintenant l'on examine ces trois méthodes au

point de vue critique, on s'aperçoit facilement de l'impossibilité d'arriver ainsi à une démonstration vigoureuse et scientifique.

Dans le procédé de Klob, par exemple, qui semble le plus exact, nous voyons intervenir la présence de l'air atmosphérique, au moment où l'on insuffle le champignon. Il en est de même, lorsqu'on remplit le flacon avec les tubes d'expérimentation.

Les procédés d'Hoffmann sont encore moins rigoureux; et ici l'air amosphérique intervient presque tout le temps, si rapide que soit la manœuvre, et malgré la précaution inutile de flamber les tubes à expérimentation.

Diverses séries d'expériences sont nées de ces méthodes.

Ainsi, en cultivant un *poil atteint de favus*, Hoffmann prétend avoir reproduit le champignon de moisissure connu sous le nom de *mucor racemosus*.

Quant à de Barry, il a été encore plus affirmatif; il soutient que tous les champignons parasites de l'homme dérivent de l'*aspergillus*.

Les choses en étaient là, lorsque Hallier, d'Iéna, est venu dire que le favus était produit par la culture du *penicillium glaucum* et l'herpès tonsurans provoqué par un oïdium dérivé de l'*aspergillus glaucus*.

Bien plus, d'après lui, le penicillium et le mucor racemosus pouvaient s'engendrer réciproquement.

Si l'on semait, en effet, des spores de penicillium, dans un milieu azoté, il en naissait du mucor; si l'on semait au contraire du mucor, il en naissait du penicillium.

Quand on veut tirer une conclusion des expériences précédentes d'Hallier, en les admettant comme vraies, on est forcément conduit à regarder le mucor et le penicillium comme le même champignon à des états de *développement différent*.

Mais, comme le mucor et le penicillium présentent tous les deux des spores, il faut admettre dans une même espèce deux modes de reproduction pour un même organe; ce qui est déjà très-difficile à comprendre à *priori*.

Hallier soutient, en outre, que le penicillium placé dans un milieu azoté et fermentescible, produit l'*achorion* de *Schœnlein*, en même temps que le *mucor racemosus*.

En semant des spores de penicillium dans un milieu visqueux, Hallier obtient, au contraire, des chaînes de cellules tenant le milieu, comme forme, entre le penicillium et le mucor. Si l'on inocule ensuite ces chaînes de cellules à la peau de l'homme, on obtient du *favus*.

Pick avait, dans des recherches antérieures, trouvé que l'inoculation du penicillium glaucum à l'homme donnait une maladie *analogue au favus*. Mais il n'avait osé s'avancer davantage. Il avait aussi annoncé que, dans un cas de teigne faveuse chez la souris, on avait trouvé sur cet animal des organes de reproduction du penicillium et de l'aspergillus, et que ces derniers inoculés à l'homme lui avaient donné une maladie semblable au favus.

Zwin a été plus loin encore; il a affirmé que le penicillium glaucum inoculé produisait l'achorion de Schœn·len, avec tous ses caractères micrographiques.

Nous pouvons juger par la divergence des opinions

des auteurs qui précédent, du peu de créance que l'on doit ajouter à leurs expériences.

Tandis que, en effet, Hoffmann attribue au mucor la paternité de l'achorion, Hallier la donne au penicillium.

Barry, de son côté, fait naître tous les végétaux parasites de l'aspergillus. Hallier réserve, au contraire, ce dernier champignon pour en faire le père du trichophyton tonsurans.

Ces résultats divers sont faciles à expliquer. Ils proviennent de la façon d'examiner les champignons que l'on a sous les yeux. Le penicillium et l'aspergillus présentent dans leurs organes de fructification des *chatnes de cellules* qui, brisées au niveau de la hampe (penicillium) ou au niveau de la cellule terminale (aspergillus), peuvent, pour un œil prévenu et jaloux de découvertes, lui faire croire aux doubles séries dichotomiques de cellules de l'achorion.

Quant au mucor racemosus, il est moins en cause que les champignons précédents ; car, s'il présente des branches analogues à celles d'un arbre dicotylédoné, il n'offre pour organes de reproduction que des cellules uniques et isolées, à l'extrémité de ses rameaux.

On ne croit presque plus, en Allemagne, aux expériences d'Hallier ; néanmoins, on les cite dans les ouvrages traitant de la matière, avec un air de doute, il est vrai ; pourtant, si l'on ne croit pas aux expériences d'Hallier, en tant qu'expériences, on est disposé à se rallier à l'idée d'un ou deux champignons susceptibles d'engendrer, dans des conditions spéciales, les maladies parasitaires de l'homme.

Ainsi, Neumann qui appartient à une école qui ne

se pique pas précisément de crédulité en matière scientifique, a l'air d'ajouter la foi la plus entière à la transformation du favus en mucor racemosus (Hoffmann). Il n'a pas l'air non plus de mettre en doute les résultats donnés par Pick et par Zwin.

J'ai voulu, pour ma part, renouveler les expériences d'Hallier, au point de vue du favus seulement, c'est-à-dire de l'achorion de Schœnlein.

Neumann n'est pas très-explicite dans le récit des expériences d'Hallier. Aussi, il ne dit pas quelles substances ce dernier a employées et dans quelles conditions spéciales il s'est placé. Je m'en suis donc tenu à *son milieu azoté* et à son *milieu visqueux*.

Je ne me suis pas préoccupé de l'air extérieur et des spores de champignons qui s'y trouvent suspendues, bien convaincu que les spores, par leur germination, ne gêneraient en rien mon expérimentation, mais qu'au contraire, elles lui apporteraient un précieux concours.

Car, si réellement l'achorion dérive d'un champignon de moisissure quelconque, comme le disent les Allemands, il doit être produit par les spores des champignons qui se trouvent le plus souvent dans l'atmosphère.

Mais, avant de parler des résultats que j'ai obtenus, je dois consigner ici le résultat des recherches de mon maître M. Gailleton, que cette question devait intéresser spécialement, en sa qualité de chirurgien-major de l'Antiquaille de Lyon.

1° Il a semé des spores de favus sur du bouillon gras froid; et, après avoir bouché le flacon, il a trouvé, au bout de quelques jours, des champignons de moisissure bleu-verdâtres, qui étaient évidemment du penicillium glaucum.

Il n'y a donc pas besoin de se mettre dans des conditions spéciales, comme Hoffmann, pour obtenir de la moisissure. Il est vrai qu'Hoffmann a obtenu du *mucor racemosus*; mais, d'après les expériences d'Hallier, nous avons vu que le penicillium et le mucor se produisaient dans un même milieu.

Si l'on veut, au contraire, incriminer cette expérience au point de vue de la rigueur scientifique, elle est aussi rigoureuse que celle d'Hoffmann qui prend bien les précautions nécessaires pour détruire les spores sur les instruments dont il se sert, mais qui laisse pénétrer librement l'air ambiant dans son appareil.

2° Il a greffé sur des pommes détachées de l'arbre et sur des raisins frais, encore pendus au cep, et à divers degrés de maturité, des spores de favus. Les Allemands affirment, en effet, que, dans ces conditions, il se développe de l'achorion, ou tout autre champignon de moisissure. — M. Gailleton n'a rien obtenu.

3° Pour répondre aux allégations de Zwin et de Pick, il a inoculé une dizaine de fois le penicillium glaucum à des hommes de son service. Trois procédés ont été mis en usage. Dans le premier, on a raclé l'épiderme et appliqué le champignon frais sur la peau. — Dans le second, on l'a inoculé à la lancette; et enfin dans le troisième, on a mis le derme à nu au moyen d'un vésicatoire.

Dans les trois cas, lorsqu'on a obtenu quelque chose, on a provoqué des plaques d'érythème analogues à celles de l'herpès, et s'accompagnant de vésicules à la périphérie, lorsque l'inflammation a été très-vive. Mais jamais, on n'a obtenu d'achorion.

M. Gailleton a fait encore des expériences sur l'achorion, mais elles se rapportent plutôt à la seconde partie de cette thèse, c'est-à-dire aux conditions de germination du champignon.

Ainsi, l'achorion conservé pendant deux ans, dans l'alcool, a pu encore donner la teigne à un homme qu'on a inoculé à la lancette.

Dans la teinture d'iode, le champignon ne présentait plus, au bout d'un mois, qu'un magma informe, sans trace d'organisation.

La térébenthine n'a pas altéré le champignon dans sa texture ; mais on n'a pas essayé s'il était susceptible encore de germer.

Maintenant, je passe à ce que j'ai obtenu.

Le 10 février 1872, on prend trois flacons ; dans l'un, on verse une solution de peptone artificielle, dans un autre, de l'albumine en solution, et, enfin, dans le troisième, une matière azotée prise dans l'estomac de jeunes veaux, et que j'appellerai, pour cela, liqueur des caillettes. A la surface de ces trois liquides, on répand des spores de penicillium. On bouche ensuite les flacons et on les abandonne à eux-mêmes.

Le 11. On prend quatre flacons renfermant : le premier, un mucilage de graines de psyllium ; le deuxième, un mucilage de semences de coings ; le troisième, un mucilage de graines de lin ; et, enfin, le quatrième, une solution aqueuse de gomme arabique.

On sème à leur surface des spores de pénicillium et

on bouche les flacons pour les préserver de la poussière.

Le 12. On introduit dans une vieille potion contenant du sirop de sucre et du chlorhydrate de morphine de la poussière favique prise sur un rat. Cette potion date d'un mois et demi, et ne présente, à la vue, rien d'anormal, ni aucune trace de fermentation.

On remarque déjà, aujourd'hui, dans les flacons contenant de la peptone et de l'albumine, un îlot blanchâtre, au milieu duquel nagent les spores bleu-verdâtres du penicillium.

Dans le flacon contenant la liqueur des caillettes et qui exhale une odeur ammoniacale, l'îlot est plus petit.

Tous ces îlots paraissent composés de vésicules graisseuses.

Rien dans les autres flacons.

Tous les flacons sont placés, ce jour-là, sur la cheminée d'une cuisine, où règne, à peu près, un feu constant, et dont la température varie entre 15 et 19 degrés.

Le 14. On remarque, dans la solution de peptone, des moisissures blanchâtres assez abondantes. — La liqueur des caillettes donne une odeur de plus en plus forte ; il s'est fait un précipité granuleux, blanc-jaunâtre, au fond du flacon. A la surface surnage un îlot d'un blanc sale.

La solution d'albumine présente un îlot à centre roussâtre, entouré d'une substance blanche finement granuleuse.

Dans les autres flacons, les spores n'ont pas subi de changement excepté dans le mucilage de graines

de lin, où surnage une substance roussâtre analogue
à celle du flacon d'albumine.

Dans la solution de coings, il y a un commencement de
fermentation indiqué par de grosses bulles de gaz, qui
n'ont pas pu venir crever à la surface à cause de la
viscosité du mucilage.

Le 20. Le flacon à solution gommeuse renferme des
filaments blanchâtres, peu nombreux.

Le mucilage de coings présente toujours les spores,
que l'on y a mises, avec leur couleur verdâtre.

Dans le mucilage de lin, on rencontre des points
nombreux variant du blanc sale ou jaune-roux, qui
semblent être le résultat de la modification des spores,
dont la couleur bleue a disparu.

Dans le flacon de psyllium, mêmes points roussâtres,
mais moins nombreux, mêlés à des spores normales.

La solution d'albumine contient une substance roussâtre mêlée à des taches blanchâtres peu abondantes.

La liqueur des caillettes n'offre qu'un îlot de substance
roussâtre. Même odeur ammoniacale.

C'est la solution de peptone, dans laquelle se sont
produits les changements les plus importants. C'est une
magnifique végétation blanche, du volume d'une aveline,
ressemblant à une houppe de coton, dans laquelle sont
disséminés des points bleu-verdâtres (spores) plus nombreux à la surface du liquide.

Le 28. *Examen microscopique du contenu des flacons par
M. Charpy, interne des hôpitaux de Lyon.*

Solution de peptone. — Le semis a produit deux flocons

lanugineux, à surface blanche, semés de grains bleu-
verdâtres.

Au microscope on trouve :

1° Une masse considérable de tubes clairs (mycelium)
lisses ou segmentés, se terminant les uns en pinceau,
les autres en tête sphérique.

Les tubes à pinceau (penicillium) sont beaucoup plus
nombreux que les tubes à tête ronde (aspergillus).

2° Un grand nombre de spores détachées ; les unes,
rondes ; les autres, elliptiques (spores jeunes), de 0,004 à
0,006 de diamètre, toutes verdâtres et quelquefois
alignées par file. On remarque aussi des vésicules
claires, arrondies ou ovoïdes, de toute dimension (0,010)
en moyenne, qui ne sont autres que des têtes d'aspergillus à tous les degrés de développement, têtes détachées de leur hampe sporophore.

Je dois signaler particulièrement un mode d'arran-
gement des spores qui, de prime abord, simule tout à
fait une chaîne de favus.

Dans la gerbe terminale de penicillium, chaque fila-
ment qui doit fournir des spores se segmente et repré-
sente ainsi une série de corps elliptiques volumineux, se
tenant bout à bout.

Si cette chaîne de spores en formation se détache,
entraînant avec elle un des filaments voisins et un frag-
ment de la hampe commune, on peut croire, tout,
d'abord, à une formation favique (spores volumineuses,
allongées, se tenant bout à bout et ramifiées). Mais on
corrige cette erreur, en remarquant que c'est un fait
rare dans la préparation ; que, de plus, les spores ont
une teinte légèrement verdâtre ; que les filaments adja-

cents sont lisses, à peine segmentés; enfin, que l'étude attentive des pinceaux de penicillium en formation offre la reproduction exacte de ces figures éparses.

En résumé, il y a eu une germination active, abondante, de mucédinées, appartenant, les unes au genre aspergillus, la plupart au genre penicillium. Mais, ces deux poussées sont vraisemblablement l'impression fidèle des semis, sans transformation ni variation.

On ne retrouve rien qui soit de l'achorion à un degré quelconque de son développement.

Les autres solutions ou mucilages offrent moins d'intérêt; néanmoins, ils ont été examinés avec soin au microscope, et voici ce que cet examen a donné :

Solution d'albumine. — Au microscope rien de nouveau. Les spores ont disparu. Odeur très-forte de gaz sulfhydrique. Dépôt blanchâtre dans lequel sont peut-être contenues les spores dissociées.

Liqueur des caillettes. — Cellules analogues à celles que l'on rencontre dans la fermentation acétique. Spores roussâtres, sans fructifications.

Mucilage de psyllium. — Les spores sont conservées sans changement. Commencement de fermentation (vibrions).

Solution de gomme. — Commencement de germination arrêtée par la fermentation qui est très-avancée (vibrions, cadavres de monades). Mycélium apparent, peu abondant. Spores réfringentes.

Mucilage de graines de lin. — Amas de spores paraissant jaune-verdâtres. Tubes peu nombreux en voie de dissociation.

Mucilage de semences de coings. — On retrouve les semis sous forme de petits amas rougeâtres contenant des spores intactes, et des tubes remplis de granulations en voie de dissociation.

Potion morphinée. — Le semis de favus est intact.

Ainsi donc, dans aucun cas, nous n'avons réussi à produire de l'achorion.

Les spores, dans les cas les plus favorables, ont germé, mais n'ont reproduit que des éléments de leur espèce, mêlés à des champignons dont les spores se trouvaient dans l'air ambiant.

Jamais, en nous plaçant dans les conditions indiquées par Hallier (milieu azoté), nous n'avons reproduit le mucor racemosus, mais bien de l'aspergillus. D'où il résulte qu'il y avait, dans l'atmosphère où nous avons opéré, des spores d'aspergillus, au lieu de spores de mucor racemosus.

Si l'on n'a pas retrouvé partout de l'aspergillus, c'est que les différentes solutions n'étaient pas toutes favorables à sa germination.

Enfin, dans les cas les plus défavorables, les semis ont péri, ou bien, après avoir commencé à germer, ils ont été détruits par la fermentation.

DEUXIÈME PARTIE

I. Teigne spontanée chez les animaux. — Transmission par contagion de la teigne faveuse de quelques animaux à l'homme et réciproquement.

La première observation scientifique de teigne animale communiquée à l'homme remonte à l'année 1854 ; elle est relatée tout au long dans l'ouvrage de M. Bazin (Traité des maladies parasitaires de l'homme).

« Tous les auteurs, dit-il, qui ont écrit sur la teigne faveuse, semblent n'avoir jamais observé cette maladie que dans l'espèce humaine ; aussi personne n'a pas, que je sache, parlé de la transmission du favus des animaux à l'homme. »

Dans le courant de l'année 1854, plusieurs membres d'une même famille, parmi lesquels se trouvait M. Draper, jeune médecin américain, remarquèrent que plusieurs souris prises au piége étaient atteintes d'une singulière maladie. Sur la tête et sur les membres antérieurs existaient des croûtes jaunâtres, un peu foncées, de forme assez régulièrement circulaire, et plus ou moins élevées au-dessus des parties saines.

En outre, une dépression manifeste se voyait au centre de chacune de ces croûtes, ainsi qu'on l'observe dans le porrigo favosa ; et, sur les parties où les croûtes étaient tombées, des ulcères existaient et semblaient avoir détruit la peau dans toute son épaisseur.

Ces souris malades furent données à un chat, qui

offrit, quelque temps après, au-dessus de l'œil, une croûte semblable à celle que portaient les souris.

Plus tard, deux jeunes enfants de la maison, qui jouaient avec le chat, furent successivement et à quinze jours d'intervalle, affectés de la même maladie. Des croûtes jaunâtres circulaires se montrèrent sur plusieurs parties du corps, à l'épaule, à la fesse, à la cuisse.

Le médecin appelé prononça le nom redoutable de porrigo favosa.

Cependant, des applications d'acétate de cuivre et d'hyposulfite de soude suffirent pour la guérison des petits malades.

Les croûtes examinées par MM. Draper et Bazin ont présenté tous les caractères du favus.

Si j'ai rapporté tout au long cette observation, c'est qu'elle a été le point de départ, en France et à l'étranger, de nombreuses recherches, qui ont été faites sur les animaux et sur l'homme.

Déjà, en 1847, dans sa thèse inaugurale, intitulée *essai sur le favus*, M. Jacquetant, interne à l'Antiquaille, avait signalé le favus chez le chat. Voici ce qu'il dit à ce sujet :

« Les animaux paraissent eux-mêmes susceptibles d'être atteints de favus par voie contagieuse.

« J'ai vu, dans le service des enfants teigneux, deux chats, avec qui jouaient les petits malades, contracter le favus et un *favus absolument semblable* à celui dont ils étaient eux-mêmes pour la plupart, affectés. Les favi étaient cupulés, secs, arrondis, d'une couleur citrine ; il y en avait de très-petits, rudimentaires ; d'autres, au contraire, et plus spécialement entre les phalanges de la patte d'un des chats, avaient le volume d'un gros pois ; enfin, les poils étaient détruits autour des godets dans un rayon de quelques millimètres. »

Au mois d'août 1864, M. Saint-Cyr, professeur à l'école vétérinaire de Lyon, signale la teigne faveuse chez un jeune chat.

Les croûtes furent examinées au microscope par M. Rollet, chirurgien de l'Antiquaille, qui reconnut l'achorion de Schœnlein.

Dans le courant des années 64, 65 et 66, la teigne est de nouveau rencontrée chez de jeunes chats par M. Saint-Cyr, qui finit par la découvrir chez le chien (11 juillet 1867).

Le cas de teigne faveuse du chat, qui est noté dans le mémoire de M. Saint-Cyr à la date du 25 juin 1864 (Ann. de dermatologie, 1869), offre ceci de particulier que le chat était âgé de 2 mois, et que les croûtes siégeaient à la naissance de l'ongle médian de la patte droite. En outre, les deux enfants (un garçon et une fille) qui apportèrent le chat à l'école présentaient, chacun, une plaque érythémateuse, qui caractérise, comme on le sait aujourd'hui, le début du favus.

Les raclures de ces plaques examinées au microscope par M. Rollet ne lui offrirent aucune trace d'achorion ; chose qu'il était facile de prévoir si l'on songe au lieu d'élection du favus dans le follicule pileux, au début de l'affection (Bazin).

Dans un autre cas, au mois de juillet 1866, une domestique apporte à l'école un jeune chat teigneux pour le faire soigner. Cette femme portait sur le corps deux plaques érythémateuses, l'une située au cou, et l'autre, à l'avant-bras gauche.

Ces deux plaques examinées également par M. Rollet, lui firent croire à un début de teigne, sans que pourtant il lui fût possible de l'affirmer.

M. Saint-Cyr cite encore, dans son mémoire, l'observation d'un chat de 6 mois, qui portait sur le côté gauche du thorax des plaques faveuses.

Enfin, M. Mollière, interne à Lyon, a présenté, à deux reprises différentes, en 1869 et en 1870, à la société médicale de cette ville, plusieurs souris affectées de favus.

Il semble qu'en 1869, il ait régné à Lyon, une véritable épidémie de teigne chez les souris, car on en a pris un assez grand nombre de malades non-seulement dans toute la maison de M. Mollière, mais encore chez M. R. Tripier, et à l'Ecole vétérinaire, qui est à une distance d'au moins 3 kilomètres.

Dans la maison de M. Mollière, un chat qui y habitait a été atteint de teigne faveuse. Plusieurs élèves de l'Ecole vétérinaire ont présenté un commencement de teigne.

C'est principalement autour des orifices naturels de ces souris, tels que les yeux, la bouche et les oreilles, que les croûtes faveuses étaient le plus nombreuses. Quelques souris en étaient littéralement aveuglées et venaient se faire prendre en plein jour. Il semblait que la douleur eût effacé, chez ces petits animaux, tout sentiment de crainte.

Du reste, si on les abandonnait à leur malheureux

sort, elles ne tardaient pas à mourir tuées par la maladie.

Le Dr Anderson cite trois faits de teigne faveuse très-intéressants.

1° Un des clients du Dr Buchanam, de Glascow, lui montra un chien qui portait des croûtes faveuses sur l'une des pattes de devant. Ce chien avait l'habitude de tuer les rats qui habitaient la maison de son maître.

Les docteurs Anderson et Buchanam parvinrent à se procurer de ces souris ; et ils constatèrent chez elles la présence du favus et de l'achorion de Schœnlein.

2° Au mois de février 1864, le Dr Anderson fut appelé pour donner des soins à une femme et à un de ses enfants atteints de teigne. Cette fois, la maladie résidait sur les parties non pileuses du corps.

En se livrant à des investigations sur l'étiologie de la maladie, M. Anderson découvrit du favus à la fois sur le mari de cette femme et sur un autre de ses enfants.

Bien plus, le chat de la maison lui-même présentait sur les pattes de devant des godets de favus.

Les souris de la maison, qui faisaient la nourriture habituelle du chat, ne purent être examinées.

3° Une petite fille, cinq semaines après avoir touché une souris teigneuse, contractait le favus et le communiquait non-seulement à se mère, mais encore à sa sœur et à un enfant encore à la mamelle. Enfin, une ouvrière employée dans la maison prenait aussi la teigne.

L'examen microscopique ne laissa aucun doute au sujet de la nature de la maladie. C'était bien à l'achorion que l'on avait ici affaire.

Dans une de ses leçons, M. Saint-Cyr rapporte une ob-

servation de teigne spontanée chez le lapin. Sept jeunes
lapins, de la même portée, furent atteints de favus, sans
que le père et la mère en présentassent la moindre trace
(Jour. vétér. de Lyon,' sept. 69). M. Saint-Cyr, qui s'est
tant occupé de la teigne des animaux, ne devait pas être
à l'abri de cette maladie. Ainsi, le 4 janvier 1869, à
l'époque où il faisait des expériences sur de jeunes
chiens, il fut atteint sur la face dorsale de la main gauche, dans l'espace compris entre le métacarpien du
pouce et celui de l'index, d'une desquamation épidermique de la largeur d'une pièce de 50 centimes.

Le 6, elle s'était étendue et présentait les caractères
d'une plaque érythémateuse recouverte d'un épiderme
fendillé, d'une couleur argentée. Elle était le siége d'un
prurit assez vif.

Le 14, la plaque a considérablement augmenté; elle
est de la largeur d'une pièce de 5 francs en argent;
à son centre, l'épiderme est jaunâtre, épaissi, rugueux,
fendillé. Sur ses bords, un cercle de vésicules remplies
de sérosité, du volume d'une lentille ou d'un petit pois,
pourait faire croire à la présence de l'herpès circiné.
Mais l'examen attentif des vésicules fait reconnaître,
dans le voisinage et au niveau de quelques poils, de
petits points jaunes, gros comme la tête d'une épingle,
et dont le centre paraît manifestement déprimé.

L'examen microscopique dénote la présence de l'achorion de Schœlein.

Au bout de combien de jours la contagion s'est-elle
produite ? C'est ce qu'on ne peut savoir au juste; car, dès
le 20 novembre 1868, les jeunes chiens étaient inoculés
avec la teigne du chat (voy. § II).

Nous pourrions multiplier les observations de teigne des animaux tels que le chat, la souris, le chien et le lapin. Disons cependant que le favus est rare, pour ne pas dire absent, chez le cheval et chez le bœuf.

Ces deux animaux semblent, en effet, plus disposés à contracter l'herpès tonsurans. Ainsi, pendant l'approvisionnement de la ville de Lyon, en vue d'un siége, on a remarqué en 1871, une véritable épidémie d'herpès tonsurans parmi les bœufs amenés dans la ville, mais pas un seul cas de favus.

Ce n'est pas seulement chez les mammifères que l'on a constaté le favus.

Muller dit l'avoir observé sur un coq cochinchinois et sur des poulets de la même basse-cour.

Gerlach a vu la teigne du coq se transmettre à l'homme.

Je terminerai cette énumération, en la faisant suivre d'une observation détaillée et inédite de teigne spontanée de la souris, recueillie par M. R. Tripier. Je lui laisse la parole.

« Ayant pris une souris dans la soirée du 6 août 1867, je la conservai dans un but d'expérimentation. Je n'aperçus sur elle, à ce moment, aucune trace de maladie.

Le lendemain, je l'enfermai dans une cage, où se trouvait déjà, depuis une quinzaine de jours, une autre souris (n° 1), beaucoup plus petite, et qui ne présentait rien d'anormal.

L'introduction de ce nouvel hôte (n° 2) amena aussitôt un combat violent entre les deux animaux, à tel point que je fus obligé plusieurs fois de les séparer avec une baguette. Cependant, dans la soirée, elles paraissaient vivre en bonne intelligence.

Le 8, je les examinai le matin et le soir, afin de m'assurer si l'accord persistait entre elles. Mais je ne remarquai rien de particulier.

Le 9, à une heure de l'après-midi, je m'aperçus d'un changement notable survenu chez l'une d'elles. La dernière venue (n° 2), et qui était la plus grosse, était immobile dans un coin de la cage ; son poil était terne, un peu hérissé ; elle avait les yeux à demi fermés, et la respiration très-fréquente.

Je vis alors deux croûtes jaunâtres, l'une située un peu au-dessus de la queue et l'autre sur la cuisse gauche. Je fis changer de place au petit animal, et je remarquai une nouvelle croûte sur la partie latérale gauche du museau.

Au premier abord, je crus avoir affaire à des blessures produites dans le combat précédent; mais la taille de celle que je supposai battue et l'intégrité complète de la petite souris (n° 1) me firent rejeter cette hypothèse.

En poursuivant mon examen avec plus de soin, je découvris avec surprise des godets de favus. La souris était haletante et sur le point d'expirer; je la sacrifiai aussitôt.

Les godets examinés au micoscrope, me confirmèrent dans mon diagnostic. Je reconnus l'achorion et un achorion identique à celui de l'homme. En outre, les poils malades présentaient une altération analogue à celle des cheveux et des poils malades, dans l'espèce humaine.

Voici maintenant les caractères physiques visibles à l'œil nu.

L'aspect extérieur des croûtes est tout à fait caractéristique. La croûte située à 1 centimètre et demi environ (voyez la planche, B) de la naissance de la queue est la plus grande; elle est assez régulièrement circulaire; son diamètre est de 7 millimètres; sa couleur est jaune paille; ses bords font une saillie au-dessus de la peau de manière à figurer un godet un peu aplati. Enfin, elle est traversée par une assez grande quantité de poils. Dans un point limité, la croûte est tachée par du sang.

Cette dernière particularité se remarque surtout sur la plaque située à la cuisse (voy. la pl. C).

Le diamètre de cette plaque est de 6 millimètres. Le centre en est jaune-paille, tandis que les bords offrent une coloration noirâtre. La croûte du museau n'a que 2 millimètres de diamètres.

Dans le but de conserver cette pièce, j'écorchai la souris. Je fus surpris de trouver à la surface interne de la peau, non-seulement les traces des trois croûtes que je viens de décrire, mais encore l'indice certain de trois autres croûtes presque aussi volumineuses que celle de la cuisse et qui étaient si bien recouvertes et cachées par les poils, que je ne les avais pas encore vues (voy. la pl., les trois croûtes au-dessus de A).

Ainsi, dans chaque point correspondant à un godet, on trouve à la surface interne de la peau une plaque d'un blanc jaunâtre, assez régulièrement circulaire, ayant 1 millimètre de moins de diamètre que le godet et paraissant formée de couches concentriques.

A la périphérie, elle est limitée par une ligne rougeâtre, due à un épanchement sanguin. Cet épanchement est parfois plus considérable en certains points et tache d'une manière irrégulière la plaque que je viens de décrire.

On ne peut mieux comparer cette plaque, pour la disposition de ses couches, qu'à la coupe du tronc d'un jeune arbre. C'est la même disposition concentrique des couches et la même dureté.

En frappant avec le doigt cette plaque, on obtient un son mat analogue à celui du bois. On dirait qu'à ce niveau la peau a été enlevée comme à l'emporte-pièce et remplacée par une membrane parcheminée.

Quelle est la composition de cette plaque, et quels sont les changements survenus dans les tissus de la peau? L'examen micoscropique n'en a pas été fait. »

Il résulte de cette observation le fait suivant : c'est que, si l'on expérimente sur un animal velu, il est nécessaire de l'écorcher pour qu'aucun godet de favus n'échappe ; car, comme nous l'avons vu, à chaque godet de favus correspond une surface amincie en plaque et visible à la face interne de la peau.

Cette observation est encore intéressante au point de vue de la marche rapide de la maladie. Le 6, le 7 et le 8 août, la souris ne présentait rien d'anormal; le 9, elle était mourante et couverte de favus.

Sans doute les godets existaient déjà, mais ils ont pris un accroissement si grand en un jour, que la souris était à l'agonie lorsqu'on l'a sacrifiée.

II. Inoculation de la teigne d'un animal à un autre, et d'un animal à l'homme. — Inoculation du favus humain à quelques animaux domestiques.

M. Saint-Cyr a inoculé la teigne du chat à tout une portée de jeune chiens au nombre de *sept*.

Le favus était pris sur un chat où la teigne s'était déclarée spontanément.

Cette fois, voulant se mettre le plus possible dans les conditions de la contagion habituelle, M. Saint-Cyr a semé sur la tête de deux jeunes chiens, de la poussière faveuse à trois jours d'intervalle l'un de l'autre. *Six* jours après le second semis, *neuf* jours après le premier, il répand de nouveau du favus sur la tête de ces mêmes chiens; mais il a soin alors d'humecter les poils de leur tête et de délayer le favus employé dans un peu d'eau. Deux jours après cette nouvelle tentative, il découvre un commencement de prolifération du champignon. Mais celui-ci n'a pas encore tous les caractères du godet de la teigne. Ce n'est que quinze jours, après le premier ensemencement, que la maladie se présente avec son caractère typique.

Ces deux chiens, pendant tout le temps de l'évolution de la maladie, sont restés en contact immédiat avec leur mère et leurs frères, si bien que, seize jours après le début de l'expérience, on n'est nullement surpris de voir la teigne apparaître sur le dos d'un *troisième* chien.

Au bout de dix-huit jours, le favus se déclare à la région costale d'un *quatrième* chien.

Au bout du dix-neuvième jour enfin, on voit naître

un des godets de favus sur un *cinquième* et sur un *sixième* chien. Ils siégent, chez l'un à la tête, et chez l'autre, à la lèvre inférieure au côté gauche.

Le *septième* chien ne fut infecté que le vingtième jour.

Tous ces animaux ont été présentés à la Société des sciences médicales de Lyon, le 16 décembre 1868.

La mère seule des petits chiens n'a pas pris la teigne ; elle avait la gale et elle finit par la communiquer à ses petits. A partir de ce moment, les godets se flétrissent et disparaissent peu à peu sous l'influence du sarcopte.

Les chiens ont succombé par le fait de ce nouveau parasite.

M. Saint-Cyr inocula ensuite la teigne *spontanée* du lapin à un jeune chien âgé de 18 jours. Ici, la maladie a donné lieu à trois godets, qui ont apparu quatorze jours après l'inoculation.

On s'était servi du procédé suivant : on mouille les poils de l'animal à l'endroit d'élection, puis on fait pénétrer le favus délayé dans de l'eau jusqu'à l'épiderme au moyen d'une friction douce et prolongée.

En février 1866, M. Saint-Cyr est parvenu à donner la teigne de l'homme à un jeune chat. C'est sur la tête qu'il avait semé le favus après avoir rasé les poils et mis à nu le derme par un vésicatoire.

Kœbner a réussi a inoculer la teigne de l'homme au lapin.

M. R. Tripier a continué ses expériences sur les souris.

Si l'on se reporte à son observation (§ 1) de teigne spontanée, on voit que des deux souris mises en cage une seule (n° 1) a survécu.

20 et 21 août 1867. M. R. Tripier enferme successi-

vement dans la cage du n° 1 deux nouvelles souris qui prennent les n°ˢ 3 et 4. On retire le n° 1 que l'on met dans une cage séparée.

Le 26. Apparition d'un petit godet de favus sur l'oreille gauche du n° 1. Cette souris a vécu du 6 au 9 août, avec la souris n° 2, chez laquelle la teigne s'est déclarée spontanément.

Le 28. La croûte de favus est plus longue et plus épaisse. Inoculation du favus de la souris n° 2 à une nouvelle souris prise au piége depuis quatre jours (n° 5).

Le 29. Même inoculation à une autre souris (n° 6) prise dans la nuit.

Ces deux dernières souris sont placées dans la même cage.

Le 31. Le n° 1 ne présente toujours qu'une seule croûte qui augmente peu à peu d'étendue et d'épaisseur. L'état général de toutes les souris est excellent. Le même soir, évasion du n° 6.

2 septembre. Inoculation du favus du n° 1 à une nouvelle souris. Cette dernière (n° 7) est mise en compagnie du n° 5.

Le 5. Le godet du n° 1 a environ 5 millimètres de diamètre.

Le 10. Les bords du godet font de plus en plus saillie, la coloration est devenue plus jaune ; le diamètre n'a pas augmenté.

Le 11. Le n° 5 présente à la partie moyenne de la queue un petit godet de favus. A un centimètre plus bas, on remarque des excoriations qui ont été produites par les pinces au moment de l'inoculation. Sur le flanc et sur la cuisse du côté droit, on trouve un soulèvement de poils en trois points différents.

Le n° 7 porte une croûte faveuse sur le pavillon de l'oreille droite au milieu de sa face interne. L'oreille gauche présente deux croûtes de même nature. Sur le dos, à droite et vers la ligne médiane ; sur le flanc gauche, on trouve les poils hérissés en trois points.

Les croûtes tirent plutôt comme couleur sur le blanc que sur le jaune.

Inutile de dire que ces différents aspects de la maladie se trouvent aux points d'inoculation.

Le 12. Les croûtes des n° 5 et 7 sont un peu plus larges et toujours blanchâtres. Une partie du godet du n° 1 s'est détaché et il n'en reste plus que les deux tiers à la partie supérieure du pavillon de l'oreille. Rien de particulier à la place d'où la croûte est tombée.

L'état général de toutes les souris est satisfaisant.

Le 14. Les croûtes du n° 1 ont complétement disparu. A leur place, la peau est ridée et d'une couleur plus foncée ; il n'y a pas de cicatrice.

Le soulèvement des poils dans les points indiqués chez les n° 5 et 7 est beaucoup plus marqué.

Les godets situés sur les oreilles du n° 7 sont plus larges et plus colorés. Deux godets sur le flanc gauche se sont réunis pour n'en former qu'un seul, plus large que celui du dos.

Etat général des animaux, bon.

Le 15. Rien de nouveau.

Le 17. Le n° 5 est à l'agonie. Sa queue est cassée au niveau de l'excoriation et maintenue en place seulement par des brins de coton qui se trouvent dans la cage.

La mort doit-elle être attribuée à cette cause? L'état du n° 7 n'a pas changé. Toutefois les croûtes des oreilles deviennent de plus en plus larges. Celle de droite mesure environ 3 mill., et celle de gauche, 5 mill. de diamètre.

Les autres souris ne présentent rien de particulier.

Le 18. *Autopsie du n° 5.* Les parties hérissées de la peau correspondent à des croûtes de favus que l'on aperçoit en écartant les poils, et qui font une saillie assez notable. Ces croûtes sont réunies et forment une seule masse homogène. C'est ce dont on peut s'assurer en regardant la face interne de la peau. On trouve, en effet, une plaque jaunâtre unique, irrégulière, légèrement gaufrée, parcourue à sa surface par quelques vaisseaux. On dirait que toute l'épaisseur de la peau n'est plus formée que par une mince couche de tissu cellulaire.

On retrouve le petit godet de la queue dont il a été fait mention.

Le 20. Le n° 7 est dans le même état. Les croûtes des oreilles ont environ 3 à 4 mill. de diamètre. Elles cessent de s'élargir, mais elles font une saillie plus prononcée et ont une coloration moins blanche.

Le 23. Les croûtes des oreilles (n° 7) sont devenues plus épaisses encore. Le centre de chaque croûte s'élève au-dessus de la circonférence et a un aspect gauffré.

Les croûtes du tronc sont aussi plus épaisses; la plus grande, celle qui se trouve à la partie la plus antérieure du flanc gauche, n'est même plus cachée par les poils.

L'état général de cette souris n'a pas changé. Les autres souris n'offrent rien de nouveau.

Le 24. Même état.

Le 26. Le n° 7 est mort. On l'écorche.

Les croûtes des oreilles sont restées stationnaires depuis quelques jours; leur saillie seule est plus marquée, et leur couleur est devenue d'un blanc jaunâtre.

Au flanc gauche on trouve un godet large , profond, anfractueux au centre et vers les bords. Il paraît résulter de la réunion de deux croûtes. C'est ce que confirme l'examen de la face interne de la peau où on trouve une plaque amincie, formée de la réunion de deux cercles. Ce godet est presque entièrement caché par les poils, qui sont hérissés tout autour, et dont un grand nombre le traversent dans son épaisseur.

Près de ce godet, on trouve un espace circulaire (5 mill. de diam.) qui manque de poils. C'est probablement l'emplacement d'un godet disparu.

Enfin , sur le dos, à 1 centimètre de la queue et un peu à droite, on rencontre un autre godet (6 mill. de diam.) excavé au centre et à bords relevés. Il est aussi caché par les poils hérissés à son pourtour. On constate à la face interne de la peau une plaque jaunâtre qui lui correspond.

Le 29. Capture d'une nouvelle souris (n° 8). Celle-ci présente deux godets de favus. L'un, placé immédiatement au-dessous de l'angle interne de l'œil droit (4 à 5 mill. de diam.), a la forme d'un pain de sucre. Son sommet est érodé; sa couleur, jaune foncé. L'autre est situé au cou, à la partie antéro-latérale gauche, au-dessous de la machoire inférieure (6 mill. de diam.) Il est régulièrement circulaire; ses bords sont relevés, et son centre déprimé. Un grand nombre de poils le traversent; sa couleur est jaune foncé.

Le 30. Le n° 8 est trouvé mort dans sa cage. On l'écorche, et l'on peut constater les lésions habituelles de la teigne.

La plaque correspondant au godet du cou a une forme elliptique, à grand diamètre vertical. Elle fait une saillie régulière de 1 millimètre. La plaque correspondant à l'autre godet n'est pas aussi régulière. La partie centrale en est séparée de la périphérie par un sillon rougeâtre. Il existe aussi une petite échancrure à la circonférence.

Pas d'autres godets.

Les souris n°ˢ 1, 3 et 4 ne présentent pas de phénomènes généraux de maladie.

19 octobre. Même état des souris survivantes. Le n° 1 a toujours la teigne. Mais les n°ˢ 3 et 4 ne l'ont pas contractée par contagion.

Inoculation à la lancette et sur l'avant-bras, du favus de la souris n° 2.

Le 20. Un peu de rougeur au point inoculé.

Le 22. Aucune trace de piqûre. Chute du poil, à la base duquel l'inoculation a été faite.

Le 25. Le point inoculé est devenu rouge. Il a donné lieu à une petite papule indurée, grosse comme la moitié d'une tête d'épingle ordinaire.

Le 27. La rougeur s'est étendue.

Le 30. Rougeur plus vive et plus large. Il existe une croûte à peine visible et très-mince au point inoculé.

Le 31. Plaque d'un rouge plus foncé au centre, formant un cercle de 4 mill. de diam. La petite croûte ou plutôt la petite pellicule persiste; on voit autour cinq ou six points qui font une légère saillie , et qui paraissent plus brillants.

Le 29. La plaque érythémateuse a grandi; sa couleur est d'un rouge intense.

Les points saillants cités plus haut sont recouverts de petites pellicules d'épiderme soulevé et flétri.

En raclant avec un bistouri la peau au pourtour de la plaque d'érythème , vers un point où se trouve une pellicule épidermique, on obtient des débris d'épiderme, qui , examinés au microscope , renferment une assez grande quantité de spores et quelques tubes de mycelium.

6 novembre. La plaque d'érythème a la forme d'un quadrilatère, dont les côtés seraient de 8 à 9 mill. d'une part, et de 7 à 8 mill. de l'autre. Toute sa surface est recouverte de petites croûtes blanchâtres. Depuis hier , cette plaque est le siége d'un léger prurit. Son niveau est un peu élevé au-dessus des parties voisines. Les poils qui s'y trouvent offrent la même résistance à l'arrachement qu'ailleurs.

Le 8. La plaque a repris la forme circulaire. Les croûtes épidermiques se sont toutes réunies par leurs bords et forment une surface blanche, jaunâtre au centre, d'un centimètre de diamètre. Au pourtour de la plaque , la peau est rouge, couverte d'écailles épidermiques, nombreuses et irrégulières.

Le 10. La croûte épidermique est devenue ovalaire ; elle est un peu excavée sur ses bords. Sa couleur est d'un blanc-jaune très-clair. Cette coloration est plus marquée autour des poils qui sont environnés chacun d'un petit godet concentrique. Ceux-ci sont toujours aussi solidement implantés.

La peau environnante est rouge et en pleine desquamation épidermique.

Longueur de la plaque ovalaire : 14 mill. dans le grand diamèire ; 12 dans le petit.

Prurit léger, mais persistant.

Le 14. Une partie de la croûte s'est détachée depuis deux jours. La surface de la plaque est devenue inégale et bosselée. On y trouve un amas de croûtes d'un blanc sale ou d'un blanc-jaunâtre plus ou moins foncé. Les croûtes sont séparées entre elles par des dépressions en forme de sillons, garnis eux-mêmes de lamelles épidermiques fendillées.

Au centre de la plaque, il y a une surface circulaire de 2 mill, qui présente la coloration jaune-paille caractéristique du favus. Le pourtour de la plaque est d'un rouge qui va en décroissant vers la peau saine et qui est en rapport avec l'intensité de l'inflammation. La saillie de la plaque persiste vers les bords.

La surface totale de la peau enflammée mesure 15 mill. dans un sens, et 12 dans un autre.

Le prurit a parfois des exacerbations très-vives. La pression sur les croûtes fait naître un peu de douleur.

M. Tripier, jugeant inutile de pousser plus loin l'expérience, s'est alors soumis à un traitement approprié, et, en quelques jours, il a été débarrassé du parasite.

Néanmoins, l'inflammation de la peau a duré assez longtemps après.

Le 27 août 1871, j'ai inoculé la teigne d'une souris, inoculée elle-même avec du favus humain à un jeune chat de deux mois. Les inoculations ont été faites avec la lancette à la peau du front et dans les oreilles.

Le chat a été ensuite laissé en liberté et a pu rejoindre sa mère et ses jeunes frères qui habitaient au milieu d'un fouillis de vieux bois.

Le jeune chat et ses frères ont été revus depuis et sacrifiés, à différentes époques, dans un autre but d'expérience. Aucun ne présentait de teigne.

III. Inoculation de la teigne de l'homme à l'homme. — Inoculation successive de la teigne de l'homme à des souris et de ces souris à l'homme.

On possède dans la science trois observations d'inoculation du favus d'homme à homme. Elles ont été publiées tout au long par M. Bazin (cours de séméiotique cutanée, 1855), et appartenant à M. Deffis.

Dans la première de ces observations (14 novembre 1855), M. Deffis a obtenu, vingt-un jours après l'inoculation, du favus. Trois piqûres sur cinq seulement ont donné un résultat. Mais, au lieu d'un godet, il n'a produit qu'une croûte blanche, mince, striée de jaune (favus épidermique de Bazin). Cette croûte a commencé à se détacher le vingt-sixième jour de l'inoculation, et les dernières parcelles en ont complétement disparu le 14 janvier 1854, c'est-à-dire soixante-dix jours après le début de l'expérience.

La seconde observation (12 mars 1854) nous montre également une production de favus épidermique. Sur trois piqûres faites avec la lancette, une seule a donné du favus qui a disparu le 14 avril. Durée de l'expérience, trente-trois jours.

La troisième observation (17 mars 1854) nous apprend que, sur deux piqûres faites à la jambe droite, une seule a donné du favus pileux (godet) quarante-deux jours après l'inoculation. Ce godet a disparu de lui-même sans laisser de trace.

M. R. Tripier, avec la teigne du rat, est arrivé à un résultat plus rapide (§ II) ; il a, en effet, obtenu sur lui des godets parfaits le vingt-deuxième jour de l'inoculation.

Les faits précédents démontrent incontestablement la contagion possible de la teigne d'homme à homme et d'un animal à l'homme.

Il s'agissait de savoir, en outre, si l'achorion transplanté d'un individu à un autre de même espèce, conservait ses mêmes propriétés d'infection, en passant par un intermédiaire d'espèce différente.

C'est dans ce but que j'ai tenté avec le concours de M. R. Tripier les expériences qui vont suivre.

Afin de faciliter leur lecture, je les ai disposées sur deux colonnes parallèles :

CAGE N° I.

17 juin 1871. — On inocule une souris avec du favus humain. Ce favus date de trois ans et demi au moins. Les godets sont pulverisés et délayés de manière à en faire une pâte homogène.

On prend ensuite de cette pâte sur la pointe d'une lancette, et on l'inocule en des points différents de la peau de la tête et du dos. On

CAGE N° II.

17 juin 1871. — On humecte avec de l'eau les poils de la région dorsale d'une autre souris, et on y répand de la poussière du même favus que celui du n° 1. Cette souris prend le n° 2.

CAGE Nº I.

racle avec le tranchant de la lancette l'épiderme de la surface interne du pavillon des oreilles, et
on y dépose la matière faveuse.

Cette souris reçoit le nº 1.

21 juin. — On met en cage un
nouveau rat (nº 4).

22 juin. — Pendant la nuit passée, le rat inoculé (nº 1) a été tué
par son compagnon de captivité,
qui lui a mangé la tête.

26 juin. — On inocule le nº 4
avec le même favus humain et,
comme il a été dit plus haut, au
moyen de trois piqûres faites sur
le dos et sur la tête. On dépose
aussi, après avoir raclé l'épiderme,
de la poussière faveuse dans le pavillon de l'oreille droite. L'inoculation donne lieu, à la tête, à une
hémorrhagie assez forte pour la
grosseur de l'animal.

Trois ou quatre jours après, on
trouve le nº 4 à l'agonie ; son poil
est hérissé, sa respiration haletante.

Il meurt enfin, probablement de
soif.

CAGE Nº II.

19 juin. — On introduit dans la
cage une nouvelle souris (nº 3)
beaucoup plus petite que le nº 2.

26 juin.—On fait quatre piqûres
d'inoculation sur le dos et la tête
de la souris nº 3. On se sert toujours du même favus.

11 juillet. — Apparition sur la
tête du n$_o$ 3 d'une plaque de favus
de la largeur d'une petite lentille.
Sa couleur est blanc-jaune sale.
Tout autour, les poils sont hérissés. Cette plaque est traversée par
quelques bouquets de poils. Elle
est située entre les deux oreilles,
plus près de la droite et au point
précis d'une des inoculations. A
l'œil droit et sur la paupière supé-

Cage No I.

13 juillet. — On apporte dans la cage le n° 2, qui est resté jusqu'à ce moment dans la cage n° II. On n'aperçoit sur sa peau aucune trace de godet, malgré la précaution que l'on prend d'écarter les poils.

On lui donne pour compagne une souris nouvellement prise (n° 5).

On leur fait à chacune trois piqûres sur le dos.

La partie interne de l'oreille droite est raclée et saupoudrée de favus.

Le n° 2 est pris d'une petite hémorrhagie déterminée par les piqûres. On s'est servi pour les deux souris de favus fraîchement cueilli, le matin même, sur la tête d'un enfant teigneux.

22 juillet. — Depuis deux ou trois jours environ, formation, aux points d'inoculation, de croûtes jaunâtres. Ces croûtes occupent

Cage No II.

rieure, il y a un point blanchâtre qui paraît occasionner de vives démangeaisons au petit animal, car il y porte fréquemment les pattes de devant.

16 juillet. — La plaque située sur la tête du n° 3 a augmenté en épaisseur. Elle est d'un blanc-jaunâtre, crustacée, arrondie, traversée par des poils et un peu anfractueuse à la surface. En un mot, elle présente tous les caractères du godet de favus.

Le point blanchâtre de la paupière s'est un peu agrandi, mais il n'a pas augmenté en épaisseur. La souris continue à y porter les pattes.

22 juillet. — Le godet subsiste avec tous ses caractères.

CAGE Nº I.

l'oreille droite et la région dorsale du n₀ 5. Cette souris est tuée et écorchée aujourd'hui. (Voyez plus loin la description de la peau.)

3 août. — Le n₀ 2 ne présente aucune trace de maladie ; les poils font seulement défaut aux points inoculés.

On fait de nouvelles inoculations avec le même favus : 1º dans les deux oreilles, 2º à la tête entre les oreilles, 3º à la région dorsale.

22 août. — Cinq ou six jours après les dernières inoculations, on voit apparaître deux croûtes à la tête. La première se trouve au front et a 3 millimètres environ de diamètre. La seconde est située entre les oreilles ; elle a 4 millimètres.

Les inoculations faites au dos et dans les oreilles n'ont donné aucun résultat.

État général bon.

29 août. — On tue le n₀ 2 et on le dépouille de sa peau.

Autopsie. — Le godet de favus du museau est le plus large ; il est anfractueux, ovalaire, à grand diamètre dirigé d'avant en arrière.

Le second godet, celui des oreilles, a la forme d'une pustule arrondie, un peu aplatie à son sommet. Il semble formé de couches concentriques ; sa couleur est jaune-clair. Son diamètre est de 4 millimètres.

Rien d'anormal dans les autres points de la peau.

CAGE N₀ II.

3 août. — Le godet est devenu plus large et plus épais. Sa coloration est plus jaune. Cependant, la souris paraît se bien porter.

22 août. — Le n₀ 3 porte sur la tête un véritable chaperon de matièr faveuse appliqué contre l'oreille droite. Cet amas faveux est anfractueux, d'un jaune-clair, et présente à sa base 2 centimètres de diamètre.

État général bon.

29 août. — On sacrifie le n₀ 3. Depuis un jour la souris était très-essoufflée et avait le poil terne et hérissé. Le favus n'a fait, ces jours derniers, que s'accroître davantage. Le godet, si on peut l'appeler ainsi, est unique. Il offre une masse anfractueuse de la grosseur d'une petite noisette. Sa couleur est d'un blanc-jaune pâle. A la base, le godet a la forme d'une ellipse à grand diamètre antéro-postérieur.

Les deux diamètres sont de 2 centimètres et de 1 centimètre 1/2 en moyenne.

La peau est amincie, translucide.

CAGE I.   CAGE II.

A la partie antérieure, elle est
même perforée, dans une étendue
égale au tiers de la base du godet.

Autopsie de la souris n° 5. — On trouve dans l'oreille droite un amas de favus jaune-clair, formant une bande allongée et très-étroite. A la région dorsale, on ne remarque rien d'insolite au premier abord. Mais, si l'on examine la face interne de la peau, on découvre trois plaques jaunâtres. La plus postérieure est irrégulière ; son diamètre le plus grand a 5 millimètres environ ; son aspect est jaune pâle au centre, et un peu brun vers les bords. Elle fait une saillie de 1 mill. à 1 mill. et demi sous la peau. La plaque du milieu a le volume d'un grain de mil ; elle est légèrement bombée, et fait aussi une légère saillie.

La plaque antérieure est un peu plus large que celle du milieu, et fait une saillie moins prononcée. Son pourtour est creusé d'un sillon qui est dû à l'usure de la peau. Ce godet est comme enchâssé dans la peau qui est coupée à l'emporte-pièce. Néanmoins, on remarque une pellicule très-mince sur la partie saillante.

A ces plaques internes correspondent, dans les poils, des godets assez difficiles à observer ; car leur substance est tellement intimement mêlée et enchevêtrée aux poils, qu'il est impossible de les isoler complétement. Les deux godets les plus apparents sont ceux de l'oreille et de la partie la plus antérieure du dos.

Le 26 janvier, à deux heures de l'après-midi, inoculation, sur l'avant-bras gauche, du favus de la souris n° 3. On fait quatre piqûres à la peau, vers le bord radial,

dans un point où il existe des poils. A la partie antérieure de l'avant-bras, on racle l'épiderme, et on y dépose du favus. On a eu soin, dans les deux cas, d'humecter la peau et de délayer le favus avec de l'eau.

Les parties inoculées sont pansées avec une bandelette de diachylon.

Deux heures après, prurit très-vif au niveau des piqûres. Il cesse au bout d'une heure. Le prurit reparaît
le soir et pendant la nuit.

Le 27. Prurit intermittent assez fort, très-désagréable,
ayant duré toute la journée.

Le 28. Démangeaison persistante.

Le 29. Les démangeaisons ont été tellement vives, la
nuit passée, qu'elles ont déterminé un véritable prurigo
et de l'insomnie. Elles s'accompagnent d'exacerbations
brûlantes et insupportables. On se décide à enlever le
diachylon.

A la place des piqûres, on trouve des pustules, qui
laissent échapper du pus par leur sommet déchiré. A
l'endroit où la peau a été raclée, il y a une ulcération
superficielle. Vers le bord cubital et à la face interne de
l'avant-bras, dans un espace où il n'a pas été fait d'inoculation, on remarque un pointillé rougeâtre de la peau,
que l'épiderme, en pleine voie de desquamation, recouvre d'écailles grises ou argentées.

Le long de la veine médiane, il y a une traînée de
rougeur diffuse, semblable à de la lymphite.

Persuadé que le diachylon a été la cause de l'irrita-
tion, et réfléchissant qu'il peut avoir par la litharge
qu'il contient des propriétés parasiticides, on essuie avec
in le pus des ulcérations, et on sème à nouveau du

favus, dans la crainte que le précédent semis n'ait été entraîné par la suppuration. On panse ensuite avec un linge fin imbibé d'eau, et on recouvre le tout d'une bandelette de diachylon, comme moyen contentif.

Le prurit disparaît à la suite de ce pansement.

Le 30. Plus de démangeaisons.

Le 31. Idem.

1er février. Retour d'un léger prurit.

Le 2. Le prurit continue.

Le 3. Accroissement d'intensité.

Le 4. Démangeaisons très-fortes. On enlève l'appareil, et voici ce qu'on remarque :

Au niveau de la surface de la peau, où l'on a raclé l'épiderme, la peau offre une coloration d'un rouge sombre foncé ; elle est couverte de débris épidermiques.

Les piqûres sont remplacées par des papulo-pustules, entourées à leur base d'une auréole rougeâtre circonscrite. Dans leur intervalle, l'épiderme est en desquamation.

Vers le bord cubital, sur le pointillé rougeâtre déjà signalé, on trouve une desquamation très-abondante. L'épiderme est flétri et ridé, et forme une plaque circulaire, de la largeur d'une pièce de 20 centimes environ. En le grattant, on retrouve au-dessous le derme enflammé et le pointillé rouge cité plus haut.

Vers le soir, prurit très-violent sur le bord radial.

Le 5. Réapparition du prurit le soir.

Le 6. Démangeaisons intenses le matin. On enlève l'appareil.

Au niveau du bord cubital on aperçoit une seconde plaque plus pâle, qui circonscrit la première, et qui a, à peu près, 3 à 4 centimètres de diamètre. Elle offre, à sa surface, une desquamation commençante, et à sa périphérie une ligne rouge bien limitée.

Les piqûres continuent à donner lieu à des papules d'un rouge vif, et l'épiderme à s'exfolier tout autour. On replace l'appareil.

Le 7. Démangeaisons vives.

Le 8. Pendant la nuit, exacerbations intolérables. On soulève le pansement.

Les points d'inoculation sont toujours rouges et couverts de débris d'épiderme.

Vers le bord cubital du bras, la première plaque apparue est rouge, parcheminée, couverte de débris d'épithélium et entourée de quelques vésicules.

La grande plaque concentrique présente toujours un épiderme flétri et ridé. Sur la peau saine voisine, il s'est produit quelques papules de purigo et des plaques d'urticaire. On arrose la surface malade avec de l'eau fraîche.

Le 9. Quelques démangeaisons.

La *première* plaque, ou plaque érythémateuse, présente quelques points *jaunâtres* à son centre. Elle est entourée de papulo-pustules.

La grande plaque a presque entièrement disparu. L'épiderme est encore ridé à sa place.

L'une des piqûres forme un point *jaunâtre*. La surface raclée et inoculée est couverte d'épiderme exfolié, et marche vers la guérison. Néanmoins, on y remarque encore un léger pointillé rougeâtre. Il n'y a pas trace de points *jaunâtres*.

Le 10. Papulo-pustules persistantes. La partie cen-

trale de la plaque est recouverte d'un épiderme formant
une croûte de plus en plus jaunâtre. Cette croûte a environ un diamètre de 1 cent. à 1 cent. et demi.

Sur les piqûres l'épiderme exfolié a aussi un aspect
jaunâtre.

Le 12. Rien d'important à noter. La desquamation
continue.

Le 12. Prurit très-vif.

Le 13. On examine au microscope les croûtes épidermiques. On n'y découvre que des globules de pus
déformés, des gouttelettes de graisse, des fragments de
poils, de duvet, des fils de coton, mais pas de *trace
d'achorion*.

La plaque d'erythème dépouillée de son épiderme
offre toujours une surface rouge et pointillée. Les papulo-pustules sont remplacées par des papules rougeâtres, acuminées, et indurées à leur base.

Sur les 5 piqûres faites, 3 ont guéri. Les deux dernières sont en desquamation continue; l'une d'elles a
donné lieu à une papule traversée à son sommet par
un poil.

Depuis cette époque, la peau a recouvré à peu près
son aspect normal, après avoir subi plusieurs desqua-
mations successives. Sa couleur est brun foncé, au niveau de plaque d'érythème et des dernières piqûres.

La partie qui a été raclée dans l'inoculation, est encore aujourd'hui le siége d'une formation successive
d'une pustulo-vésicule unique à base rouge et indurée.

Je crois que nous avons eu ici affaire à une *dermatite
vésiculeuse*. Le champignon a agi comme un corps
étranger.

Lorsque l'inflammation a été faible, il s'est formé seulement de l'érythème; lorsqu'elle a été forte, elle a donné lieu à des pustules.

Je tiens surtout à attirer l'attention sur ce fait, que, si l'on avait négligé d'examiner au microscope les produits épidérmiques de nouvelle formation, en se fiant aux expérimentateurs précédents, on aurait diagnostiqué le favus épidermique avec assurance. J'ai tenté une nouvelle inoculation le 12 février 1872.

Cette fois, je me suis fait inoculer par M. R. Tripier, le favus du n° 5. Deux piqûres avec la lancette ont été faites à la partie externe et moyenne du bras, autant que l'on a pu juger, à la base de deux poils.

Une des piqûres a saigné légèrement.

Les deux inoculations ont été recouvertes de baudruche gommée.

18 février. Léger prurit.

Le 19. Idem.

Le 20. On aperçoit une vésicule rompue au niveau d'une des piqûres. La base en est rouge et bien circonscrite. Son sommet est recouvert d'une croûte *brun jaunâtre*. L'autre piqûre est plane et présente une croûte brunâtre.

Le 23. La première vésicule a disparu complétement, laissant à sa place une surface rouge, humide, privée d'épiderme. La croûte, vue au microscope, est formée de globules de sang déformés, et épithélium en voie de régression.

La seconde piqûre est remplacée par une vésico-pustule brune à son sommet, très-appréciable au doigt, auquel elle donne une sensation d'élevure.

Le 24. La première piqûre est complétement cicatrisée. La seconde est en voie de guérison.

Le 28. Il se forme des pustules sans cesse renaissantes à la plaie de la seconde piqûre. Le pourtour en est rouge.

3 mars. Guérison complète.

Le 6. Nouvelle inoculation faite avec le favus de la souris n° 5.

On se sert d'une aiguille, afin de faire mieux pénétrer le favus à la base du poil.

Le 19. Formation d'une vésico-pustule, qui ne tarde pas à disparaître.

CONCLUSIONS.

1. La teigne faveuse, chez l'homme et chez les animaux, est provoquée par la présence de l'achorion de Schœnlein.

Ce champignon n'appartient, comme espèce, ni au genre pénicillium, ni au genre aspergillus, ni au genre mucor.

2. Ce parasite se développe chez l'homme ou chez les animaux, sans que l'on puisse affirmer au juste d'où proviennent ses spores. L'air atmosphérique pourtant paraît le principal agent de transport.

Les animaux atteints le plus souvent de favus sont la souris, le chat, le lapin, le chien, le coq et les poules. La teigne faveuse est rare chez le bœuf et chez le cheval. Elle paraît remplacée chez eux par l'herpès tonsurans.

Face Interne

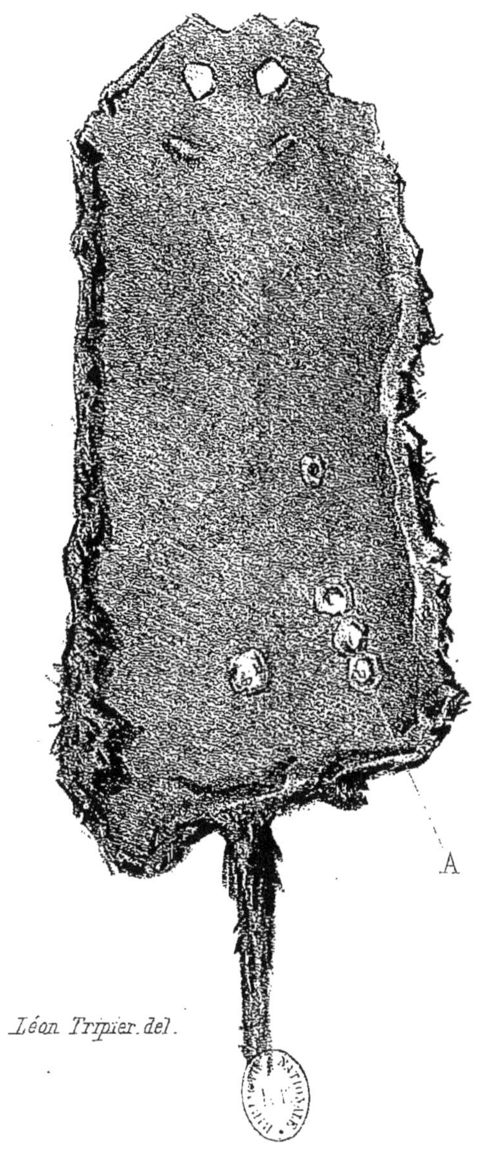

Face Externe

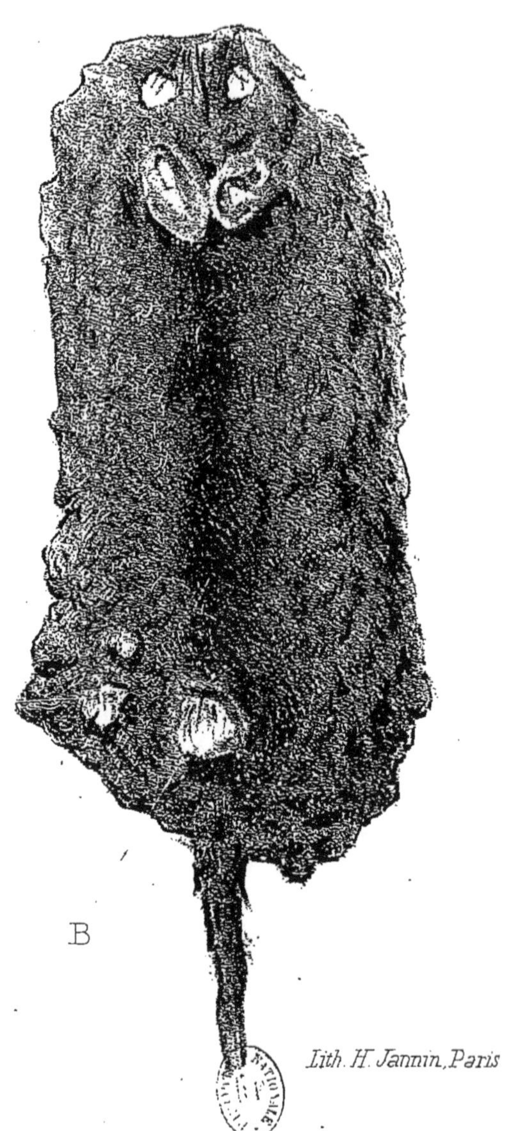

4. La jeunesse du sujet ne paraît pas une condition de contagion indispensable.

5. Les animaux transmettent leur maladie à l'homme, ou à leurs congénères, ou bien encore à des animaux d'une autre espèce, soit par contagion, soit par l'inoculation des érosions que font à la peau, leurs dents ou leurs ongles, leurs griffes et leurs ergots.

6. Réciproquement la teigne de l'homme est transmissible aux animaux, dans les mêmes conditions.

7. L'achorion, en vieillissant, semble perdre une partie de ses propriétés infectieuses. Les conditions nécessaires à sa germination constante sont encore mal connues.

Cependant, la jeunesse du sujet et certaines prédispositions individuelles, une température chaude et humide unie au défaut de soins de propreté, doivent être les causes le plus souvent invoquées.

8. Le favus humain, même frais, inoculé à la souris, peut perdre complétement ses propriétés infectieuses, quand on le réinocule ensuite de la souris à l'homme. Il se comporte alors sur la peau comme un corps étranger, et y détermine une inflammation plus ou moins vive, dont les produits d'une nouvelle formation l'entraînent au dehors.

Dans ce cas, l'achorion n'a pas changé de structure, ses facultés germinatives seules ont disparu.

www.ingramcontent.com/pod-product-compliance
Ingram Content Group UK Ltd.
Pitfield, Milton Keynes, MK11 3LW, UK
UKHW020950120726
13693UKWH00004B/1648